Yvonne Thalheim · Harald Nadolny

Fensterbilder Meine Lieblingstiere

FALKEN

Bei FALKEN sind zahlreiche weitere Titel zum Thema Fensterbilder erschienen. Fragen Sie Ihren Buchhändler!

ISBN 3 8068 5197 2

Titelbild: Harald Nadolny, Herne
Fotos: Harald Nadolny, Herne
Entwürfe: Mechthild Ahlmer, Selm; Christiane Pack, Dortmund
Vorlagebogen: Harald Nadolny
Reinzeichnungen des Vorlagebogens: Ulrike Hoffmann, Bodenheim
Layout: Design Christiane Rauert, Dortmund

Satz: Dinges & Frick GmbH, Wiesbaden
Druck: Mairs Graphische Betriebe GmbH, Ostfildern (Kemnat)

817 2635

INHALT

Bereits aus wenigen Transparentpapier- und Kartonresten lassen sich die schönsten Fensterbilder anfertigen. Dieser knuffige Basset ist – wie auch alle anderen Motive – in Originalgröße auf dem Vorlagebogen abgebildet. Das Nacharbeiten wird dadurch so einfach, daß auch Kinder ohne Schwierigkeiten mitmachen können

MATERIAL UND WERKZEUG

FRÖHLICH BUNT ODER ZARTES PASTELL

Farbiger Fotokarton ist das Grundmaterial der in diesem Buch vorgestellten Fensterbilder. Er läßt sich leicht verarbeiten und gut mit anderen Materialien kombinieren. Für lichtdurchlässige Bilder wird das aus Fotokarton ausgeschnittene Motiv mit Transparent- oder Seidenpapier hinterklebt. Transparentpapier ist etwas kräftiger in den Farben und eignet sich für fröhlich bunte Motive, während das pastellfarbene Seidenpapier eher zu zarten Kreationen anregt.
Außergewöhnliche Effekte erzielen Sie, indem Sie einzelne Bildteile mit Geschenkpapier beziehen. Die Auswahl an Zier- und Edelpapieren, Lack- und Metallicfolien ist mittlerweile so groß, daß es sich lohnt, auch diese Materialien in den Fensterschmuck mit einzubeziehen.

Zum Abpausen der Vorlagen verwendet man Pergament- und Kohlepapier. Um Motive auf schwarzen Fotokarton zu übertragen, nehmen Sie am besten farbiges Kohlepapier. Kreise werden mit dem Zirkel direkt auf den Fotokarton gezogen. Ein gute Schere benötigen Sie zum Ausschneiden der Motive. Für die komplizierteren Innenschnitte haben sich Papiermesser (Cutter) bewährt. Mit einem Locher kann man leicht kleine Kreise ausstanzen, die zum Beispiel als Pupillen im Auge dienen können. Mit Pritt Alleskleber Lösungsmittelfrei oder Pritt Klebestift (bei transparentem Papier) lassen sich die Klebearbeiten leicht und sauber ausführen. Gute Dienste leisten weiterhin Blei- und Filzstifte, Kugelschreiber sowie ein Lineal und ein Hefter.
Aufgehängt werden die Fensterbilder mit farblich passendem Nähgarn oder silberner Zierkordel. Hierfür stechen Sie eine Stopfnadel durch den oberen Rand des Bildes, ziehen den Faden durch und verknoten ihn.

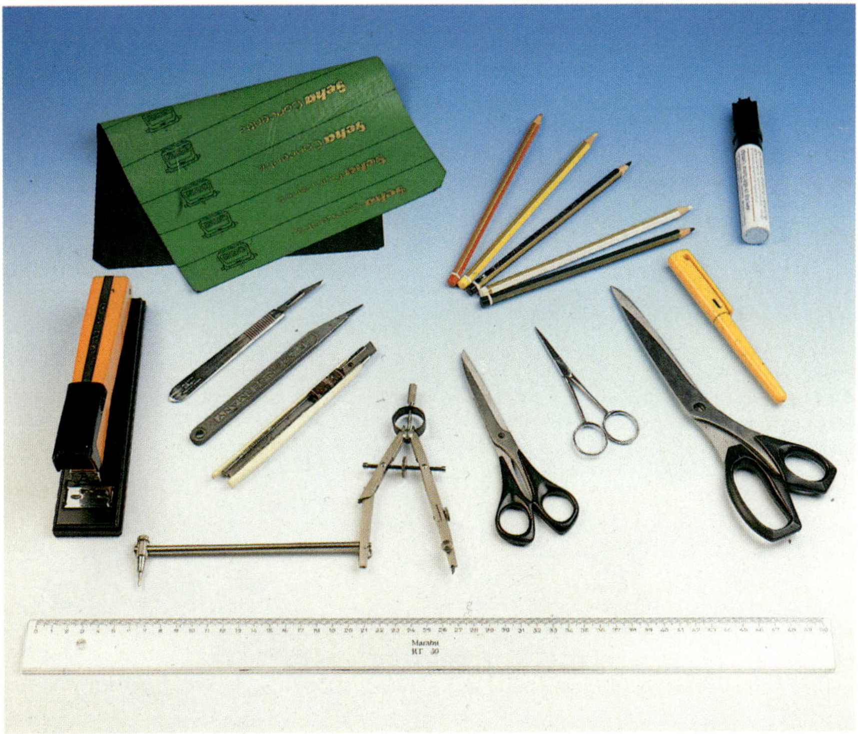

FENSTERBILDER AUS FOTOKARTON

EIN FENSTERBILD ENTSTEHT

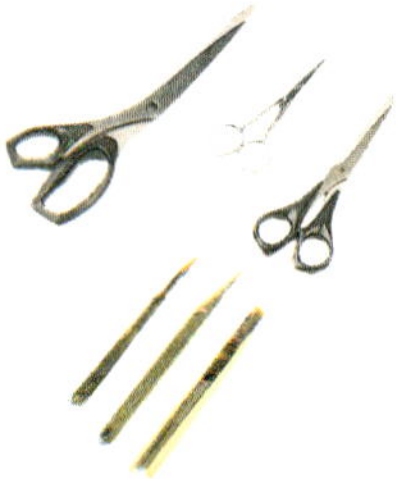

Legen Sie zunächst das Pergamentpapier auf den Vorlagebogen, und ziehen Sie die Linien des Motivs mit Blei- oder Filzstift nach. Danach werden die einzelnen Bildteile mit Kohlepapier auf verschiedenfarbigen Fotokarton übertragen. Sie erleichtern sich die Arbeit, wenn Sie Teile, die Sie in mehrfacher Anzahl benötigen, aus doppelt gelegtem Fotokarton ausschneiden. Dazu den Karton entlang der Ränder mit einem Hefter festklammern. Die Klinge des Schneidemessers sollte stets scharf sein und deshalb rechtzeitig ausgewechselt werden.

Steht im Vorlagebogen 1 x e, schneiden Sie das Teil einfach aus Fotokarton aus. Steht dort 1 x d, 2 x d etc., schneiden Sie das Teil aus doppelt gelegtem Karton in der angegebenen Anzahl zu.

Beispiel: Kleben Sie nun die ausgeschnittenen Teile des Papageis zusammen und befestigen ihn von hinten am Rahmen. Dann werden die Blattformen angebracht. Für die Rückseite des Fensterbildes den zweiten Papagei deckungsgleich auf den ersten kleben und den anderen Rahmen dagegensetzen. Mit einer Zierkordel den Papagei zusätzlich am Rahmen befestigen und einen Aufhängefaden einziehen.

Wichtig: Bei Schneidearbeiten mit dem Papiermesser stets festen Graukarton zum Schutz der Tischplatte unterlegen

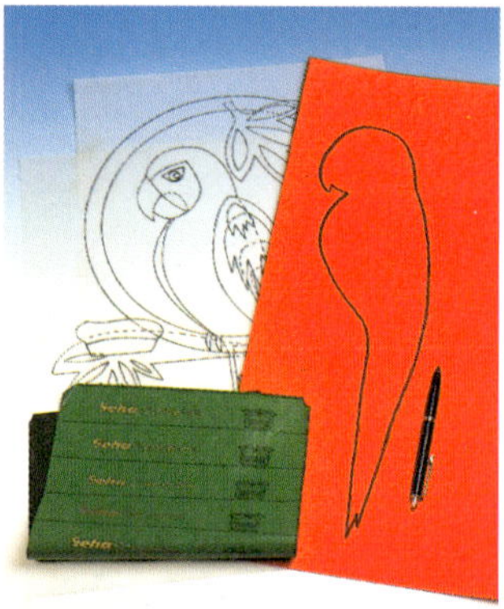

Motiv vom Vorlagebogen übertragen

Bildteile ausschneiden und zusammenkleben

FENSTERBILDER AUS TRANSPARENTPAPIER

EIN FENSTERBILD VERWANDELT SICH

Zeichnen Sie die Vorlage wie gewohnt auf Pergamentpapier ab, und umfahren Sie die Hauptlinien mit einem dicken Filzstift. Achten Sie darauf, daß die Linien möglichst Anschluß an einen Rand erhalten. Stellen, die nicht ausgeschnitten werden sollen, wie Schnäbel oder Schnauzen, werden schwarz ausgemalt.
Das fertige Motiv zweimal mit farbigem Kohlepapier auf schwarzen Fotokarton übertragen und ausschneiden. Dabei zuerst die Innenschnitte ausführen. Anschließend die Öffnungen des ersten Kartonbildes mit Transparentpapier hinterkleben und dann das zweite Bild deckungsgleich dagegensetzen.

Aus einem Motiv kann man völlig unterschiedliche Fensterbilder gestalten. Das fällt besonders auf, wenn Sie aus einem Fensterbild aus Fotokarton ein Transparentpapierbild machen

Motiv nachziehen

Innenlinien ausschneiden

Außenlinien ausschneiden

Kartonbild hinterkleben

FENSTERBILDER-GALERIE

Die Grasteile werden einfach und die Figuren doppelt ausgeschnitten. Zunächst die beiden Grundformen des Hahnes deckungsgleich auf das erste Grasteil kleben, dann beidseitig Gesicht, Flügel, Schwanzfedern und Füße anbringen. Auf dem zweiten Grasteil Henne und Küken befestigen und an das Hahnmotiv kleben, auf der Rückseite gegengleich anbringen. Anschließend das dritte Grasstück beidseitig mit der pickenden Henne bekleben und die beiden Bildteile des Mobiles aufhängen

Schneiden Sie den Kreis aus doppelt gelegtem Fotokarton zu. Das Haus und das Kornfeld dazwischensetzen und die Kreise aufeinanderkleben. Anschließend werden die hinteren Grasteile beidseitig befestigt. Schneiden Sie nun die Kühe aus, bringen Sie Streifen und Gesichter an und kleben die Tiere deckungsgleich auf. Zum Schluß die Blume, die Sonne und die Wolken ebenfalls auf beiden Bildseiten fixieren

Kleben Sie auf den roten Bogen deckungsgleich die beiden Baumformen, und setzen Sie dann als unteren Abschluß auf beiden Seiten das Grasteil an.
Nun Äpfel, Futternapf und Igelgrundformen befestigen. Die Tiergesichter einzeichnen und die Stachelteile aufkleben. Die Blätter entlang der Ränder einschneiden und verteilen. Anschließend auf der Bildrückseite deckungsgleich die Igelfamilie, die Äpfel und die Blätter anbringen. Zum Schluß einen Apfel beidseitig mit Stiel und Blättern bekleben und an einem Aufhängefaden an dem roten Bogen befestigen

Das Äffchen wie die Igelfamilie arbeiten. Latzhose, Kokosnüsse, Schirm- und Gesichtsteile werden auf beiden Seiten außen aufgeklebt. Mit schwarzem Filzstift die Schmucklinien einzeichnen

Schneiden Sie das Motiv zweimal aus schwarzem Fotokarton aus und hinterkleben Sie ein Kartonbild mit Seiden- oder Transparentpapier.

Zum Schluß das zweite Motiv deckungsgleich auf das erste kleben

Mischfarben werden durch Übereinanderlegen verschiedenfarbiger Papiere erzielt, dunkle Töne durch Schichten gleichfarbiger Papiere

Die Grundform aus schwarzem Fotokarton ausschneiden. Kleben Sie danach schwarze Zierfedern am Bildrand entlang. Mit silbergrauem Geschenkpapier den Karton bis auf die Beine auf beiden Seiten beziehen. Fixieren Sie nun auf beiden Seiten des Bildes den Pfauenkörper aus irisierendem Geschenkpapier, den Kopf und Schnabel aus Fotokarton. Die Teile des Auges und des Flügels nicht vergessen. Aus schwarzem Fotokarton, irisierendem Geschenkpapier und Goldfolie sind die Punkte des Pfauenrades

Den Rahmen einfach, alle anderen Teile doppelt ausschneiden. Kleben Sie auf beiden Seiten des Rahmens die Brieftaube, den Brief, die Blätter und die Blüten auf, dann Gesicht und Schnabel der Brieftaube. Den Flügel mit irisierender Geschenkfolie beziehen und aufkleben. Anschließend mit Kreisen und Herzen aus Goldfolie verzieren

Zuerst schneiden Sie das Motiv zweimal aus schwarzem Fotokarton aus. Danach hinterkleben Sie eines der Kartonbilder mit Seiden- oder Transparentpapier. Durch mehrmaliges Überkleben der Öffnungen erzielt man dunklere Töne oder Mischfarben.
Zum Schluß wird das zweite Motiv deckungsgleich auf der Rückseite des ersten fixiert

Den Rahmen einfach, alle anderen Bildteile doppelt ausschneiden. Hinterkleben Sie den Rahmen mit transparenter Zierfolie, und setzen Sie die zwei Grasteile deckungsgleich auf beide Seiten des Bildes. Die Kaninchen werden ebenfalls beidseitig aufgeklebt. Ohren, Augen und Schnäuzchen aus Fotokarton ausschneiden und aus den Teilen die Tiergesichter gestalten. Anschließend den Löwenzahn auf dem Fensterbild fixieren

Kleben Sie auf das Rahmenteil die Grundformen der Hundehütte, des Hundes, des Futternapfes und der Maus. Das Dach und den Vogel auf der Hütte befestigen. Dann die Innenteile der Maus und des Futternapfes fixieren. Zierstriche werden mit schwarzem Filzstift gezogen. Nun die Teile des Hundegesichts aufkleben. Auf der Rückseite Hund und Hütte, Vogel, Maus und Futternapf deckungsgleich anbringen

Das Motiv zweimal aus schwarzem Fotokarton ausschneiden. Beginnen Sie dabei mit den Innenschnitten. Der Rahmen wird erst zuletzt herausgetrennt. Anschließend die Öffnungen eines der Kartonbilder mit Seidenpapier hinterkleben und dann das zweite Motiv deckungsgleich dagegensetzen

Schneiden Sie das Landschaftsmotiv zweimal aus weißem Glanzkarton aus, und hinterkleben Sie eines der Bilder mit weißem und blauem Seidenpapier. Das zweite Motiv wird anschließend deckungsgleich auf die Rückseite geklebt. Nun schneiden Sie die Formen der Pinguine aus weißem Glanzkarton, schwarzem und grauem Fotokarton jeweils doppelt zu, setzen die Vögel zusammen und verteilen sie deckungsgleich auf dem Bild

Die Motive werden zunächst jeweils doppelt aus schwarzem Fotokarton ausgeschnitten. Die Öffnungen der Bilder mit Seiden- oder Transparentpapier bekleben und die Kartonmotive dagegensetzen

Bei der Schafherde: Die beiden kleinen Schafbilder mit Zierkordel miteinander verbinden und anschließend zusammen mit dem großen Schäfermotiv an einem Holzstäbchen befestigen und aufhängen

Kleben Sie auf beide Seiten der schwarzen Katzengrundform die Teile für das Gesicht, die Ohren und das Fell. Dann wird die Katze zwischen je ein rotes Bodenteil gesetzt.
Das Goldfischglas mit durchsichtiger Geschenkfolie hinterkleben, die Fische auf dem blauen Wasserteil anbringen und alles zusammen ebenfalls hinter der Glasform befestigen. Anschließend das Goldfischglas auf dem Fensterbild fixieren und ein zweites Glas deckungsgleich von hinten dagegenkleben

Die Teile schneiden Sie aus Fotokarton aus und zeichnen danach den Schweinchen die Gesichter mit schwarzem Filzstift auf.
Das Wagenrad, die Schweinchen, das Grasstück und die Eule zwischen die beiden Hausteile kleben. Wer möchte, kann einen Heuhaufen aus Strohhalmen dazwischensetzen.
Die Ziegelleisten deckungsgleich auf beiden Seiten des Hausdaches befestigen – fertig ist der Stall

Die Froschleiter bis auf die oberste Sprosse zusammenkleben. Die zwei Grundformen des Frosches an den Beinen auf beiden Seiten der Leiter befestigen. Anschließend die Augen-, Hals-, Bauch- und Zehenteile anbringen. Aus Kreppapier das Gras zuschneiden und an den unteren Rand zwischen die beiden Weckglasformen setzen. Kleben Sie nun die Leiter zwischen das Kreppapier und den unteren Glasrand. Die oberste Sprosse und den Körper beidseitig auf dem Glasrand fixieren

Für die Katzenkissen knautschen Sie Seidenpapierreste und kleben sie zwischen die beiden Rahmen. Die Gesichts- und Fellteile auf den Grundformen der Katzen fixieren

Die Bäume und die Grasteile doppelt, alle anderen Teile einfach ausschneiden. Kleben Sie auf das obere Rahmenteil die zwei Bäume, und bringen Sie auf der Bildrückseite deckungsgleich ihre beiden Gegenstücke an. Dann die Elefanten mit Stoßzähnen schmücken und die schwarzen Linien für Gesichter und Körper mit Filzstift einzeichnen. Die Elefantenherde wird mit transparenten Klebstoffstreifen an dem Rahmen befestigt. Zum Schluß grüne Grasteile auf beiden Seiten des Rahmens verteilen

Die Kreise für die Mähne schneiden Sie entlang der Ränder in etwa 1 cm lange Streifen. Der größte Kreis wird auf die Löwengrundform geklebt, die anderen Kreise darübergeschichtet. Augen, Ohren und Barthaare auf dem Gesichtsteil fixieren und die Nase oben und unten in die Einschnitte schieben. Das Löwengesicht auf die Mähne kleben und den Löwen auf das Grasteil setzen. Die Schwanzspitze fächerartig einschneiden und ebenfalls aufkleben. Anschließend die Teile für die Krone beidseitig am Baumstamm fixieren und den Stamm hinter das Grasteil kleben

In der Reihe SCHÖNES HOBBY sind ebenfalls erschienen:

Schachteln basteln
ISBN: 3-8068-**5170**-4

Papierflieger
ISBN: 3-8068-**5157**-3

Mobiles aus Papier
ISBN: 3-8068-**5183**-2

Geschenkpapiere selbst gestalten
ISBN: 3-8068-**5230**-X

Papierblumen
ISBN: 3-8068-**5214**-6

Schwingtiere aus Holz
ISBN: 3-8068-**5222**-7

Laubsägearbeiten für das Kinderzimmer
ISBN: 3-8068-**5245**-7

Seidenmalerei Applikationen
ISBN: 3-8068-**5224**-3

Geschenke verpacken für Kinderfeste
ISBN: 3-8068-**5195**-6

Laternen und Lampions
ISBN: 3-8068-**5206**-5

Kreatives Gestalten mit Papiermaché
ISBN: 3-8068-**5246**-4

Marmorieren
ISBN: 3-8068-**5247**-2

Lustige Geschenk- und Schultüten
ISBN: 3-8068-**5263**-4

Dekorative Schleifen
ISBN: 3-8068-**5205**-7

Tischdekorationen für Kindergeburtstage
ISBN: 3-8068-**5225**-1

Ostereier originell dekorieren
ISBN: 3-8068-**5219**-7

Tischdekorationen für Ostern
ISBN: 3-8068-**5220**-0

Bastelideen für Indianer Spiele
ISBN: 3-8068-**5252**-9

Lustige Hüte und Perücken
ISBN: 3-8068-**5236**-7

Kneten und Modellieren
ISBN: 3-8068-**5217**-0

Rocailles Perlenschmuck
ISBN: 3-8068-**5209**-X

Lustige Masken
ISBN: 3-8068-**5216**-2

Geschenkpapiere selbst gestalten
ISBN: 3-8068-**5230**-8

Masken phantasievoll dekorieren
ISBN: 3-8068-**5155**-7

Puppen zum Liebhaben
ISBN: 3-8068-**5199**-9

Drachen
ISBN: 3-8068-**5156**-5

Musikinstrumente mit Kindern bauen und spielen
ISBN: 3-8068-**5227**-8

Originelle Verkleidungen für Kinder
ISBN: 3-8068-**5229**-4

Schminken für Kinder
ISBN: 3-8068-**5177**-8

Dekorative Fensterbilder
ISBN: 3-8068-**5232**-4

Fensterbilder in Scherenschnitt
ISBN: 3-8068-**5169**-7

Märchenhafte Fensterbilder
ISBN: 3-8068-**5185**-7

Fensterbilder – Meine Lieblingstiere
ISBN: 3-8068-**5197**-2

Fensterbilder – Lustige Tiere
ISBN: 3-8068-**5210**-3

Fensterbilder – Blumen und Tiere
ISBN: 3-8068-**5186**-3

Fensterbilder in Tiffanytechnik
ISBN: 3-8068-**5168**-9

Fensterbilder aus Papier
ISBN: 3-8068-**5158**-9

Fensterbilder für die Osterzeit
ISBN: 3-8068-**5244**-8

Fensterbilder für Advent und Weihnachten
ISBN: 3-8068-**5211**-1

Fensterdekorationen für die Weihnachtszeit
ISBN: 3-8068-**5181**-6

Seidenmalerei – Schmuckkarten und Miniaturbilder
ISBN: 3-8068-**5166**-2

Seidenmalerei – Tiermotive
ISBN: 3-8068-**5204**-9

Seidenblumen
ISBN: 3-8068-**5200**-6

Seidenmalerei – Bilder in Konturentechnik
ISBN: 3-8068-**5182**-4

Jeder Band ist durchgehend vierfarbig und enthält zahlreiche Fotos und Zeichnungen sowie einen Vorlagebogen.

Seidenmalerei – Lampenschirme
ISBN: 3-8068-**5154**-9

Seidenmalerei – Akzente mit Perlen, Pailletten und Straß
ISBN: 3-8068-**5248**-0

Seidenmalerei – Bäume und Blätter
ISBN: 3-8068-**5249**-9

Seidenmalerei – Blusen und T-Shirts
ISBN: 3-8068-**5184**-0

Seidenmalerei – Kissen
ISBN: 3-8068-**5151**-4

Seidenmalerei – Tücher und Schals
ISBN: 3-8068-**5152**-2

Seidenmalerei – Blüten, Blätter, Ranken
ISBN: 3-8068-**5165**-4

Seidenmalerei – Landschaften
ISBN: 3-8068-**5153**-0

Serti Designo Seidenmalerei mit Kreidestiften
ISBN: 3-8068-**5208**-1

Basteln für Ostern
ISBN: 3-8068-**5164**-6

Dekorationen für Ostern
ISBN: 3-8068-**5198**-0

Meine Weihnachtsbackstube
ISBN: 3-8068-**5163**-8

Basteln für Weihnachten
ISBN: 3-8068-**5162**-X

Adventskalender
ISBN: 3-8068-**5178**-6

Weihnachtssterne
ISBN: 3-8068-**5231**-6

Tischdekorationen für die Weihnachtszeit
ISBN: 3-8068-**5228**-6